BRÈVES DE BULLETINS SCOLAIRES

Chiflet & Cie

Ouvrage dirigé par Sophie Le Flour

ISBN 978-2-7578-4066-5
(ISBN 978-2-35164-172-9, 1re publication)

Avant-propos

Les bulletins scolaires ont rythmé notre jeunesse… Au fil des trimestres, nous avons attendu, anxieux, notre bulletin, recueil des humeurs de nos professeurs. Appréciations poétiques, drôles, métaphoriques, farfelues, ironiques, ambiguës… Le bulletin demeure l'espace dans lequel les enseignants peuvent encore s'exprimer :

En nette progression… vers la porte.

Pour comprendre les probabilités, mettez-vous au poker, vous maîtrisez déjà le bluff.

Nul en français mais aurait pu obtenir la moyenne en smiley si c'était noté ☺

Heureusement pour les enseignants, leur liberté d'expression ne se limite pas aux bulletins… Les profs se lâchent aussi sur les carnets de correspondance, sur les copies nulles et en classe ! Puisqu'on est entre nous, découvrez dans ce recueil cette prose professorale qu'il s'agit aujourd'hui de dédramatiser !

Remerciements

Un grand merci aux enseignants, aux enseignants retraités, aux parents, aux élèves et aux anciens élèves, qui ont souhaité enrichir cet ouvrage des appréciations qu'ils avaient pu écrire… ou subir !

PP, Sylvia, Patricia, Stéphanie, Damien, Maëlle, Marine, Catherine, Alex, Pauline, Yohann, Maeva, Charlotte, Adèle, Magali, Cathie, Carine, Hervé, Hélène, Francis, Paula, Joseph, Ivan, Mathieu, Eve, Ingrid, Patrick…

À quel âge l'enfant rapporte-t-il à ses parents son premier bulletin scolaire ? Au CP, en CM1, en 6e ? Non ! En Petite Section, soit à l'âge de trois ans ! Vous ne pensiez pas cela possible ? Vous aviez tort ! Si aujourd'hui les notes sont remplacées par trois catégories « acquis », « en cours d'acquisition » et « non acquis » (du moins en primaire), il n'en demeure pas moins que le bulletin existe et l'appréciation globale aussi… La preuve en images !
nnnnnnnnnnnnnnnnnnnnnnnnnnnnnnn

Appréciation pour le 1er trimestre de Petite Section :
« Bon trimestre. Timothée est investi dans la vie de la classe. Attention cependant à respecter les règles de vie collective. »

Ce qu'il fallait comprendre :
Votre fils connaît ses couleurs, il a compris qu'un feutre ça sert à dessiner sur une feuille et pas sur la jupe de sa maîtresse, on le comprend quand il parle (enfin à peu près)… Mais il ne tient pas en place… Plutôt que de s'asseoir sur le banc avec

ses petits camarades, il se met debout et saute en lançant des toiles d'araignées imaginaires en hurlant « SSSPPPIIIIIDERMAAAANNN », il fait semblant de tousser à la sieste pour réveiller les copains qui dorment… Et, plus embêtant, un élève a gardé la marque de ses dents dans le dos pendant un mois…

Bienvenue dans le monde merveilleux de l'école !

Année scolaire 2011-2012 **MATERNELLE** **Direction :**	Nom : Prénom : Timothée Date de naissance : 31 / 03 /2008	**Classe : Petite Section** **Période évaluée :** **Septembre à Décembre**

1 : ACQUIS **2 : EN COURS D'ACQUISITION** **3 : NON ACQUIS**

Domaines	Dans une situation travaillée et évaluée, l'élève sait :	Degré d'acquisition
S'approprier le langage et Découvrir l'écrit	. se faire comprendre	1
	. dire ce qu'il fait	1
	. identifier les personnages d'une histoire	1
	. dire à quoi servent les écrits de la classe (date, météo)	/
	. faire une phrase à partir d'une image ou d'une photo dans le cahier de vie	1
	. tenir correctement son crayon /	2
	. découper en suivant un trait	2
	. reconnaître son étiquette prénom	1
	. tracer des ∴∵ , des |||	2 / 1
	. tracer des ≡ , et un quadrillage #	2 / 2
Devenir élève	. se repérer dans la classe / . se repérer dans l'école	1 / 1
	. repérer son groupe	1
	. respecter les règles de vie	2
	. dialoguer avec ses camarades	1
Agir et s'exprimer avec son corps	. courir	1
	. sauter	1
	. suivre un parcours	1
	. marcher en équilibre	1
Découvrir le monde	. identifier quelques matières usuelles (pâte à modeler, pâte à sel)	1
	. identifier quelques objets usuels	1
	. montrer et nommer les différentes parties du corps	
	. reconstituer l'image du corps humain à partir de ses éléments	1
	. reconstituer un puzzle de 4 pièces du schéma corporel	1
	. appliquer quelques règles élémentaires d'hygiène	1
	. reconnaître trier et classer des formes simples : rond, carré.	1
	. nommer des formes simples : rond, carré.	1
Percevoir, sentir, imaginer, créer.	. reconnaître les couleurs : le rouge, le bleu, le jaune, le vert.	1/1/1/1
	. nommer les couleurs : le rouge, le bleu, le jaune, le vert.	1/1/1/1
	. dessiner un bonhomme	2
	.participer pour chanter ou réciter quelques chansons ou comptines	1
	. associer les gestes aux chants ou comptines	1

Observations et signature de l'enseignant : Bon trimestre.
Timothée est investi dans la vie de la classe.
Attention cependant à respecter les règles de vie collective

Signatures des parents:

Elle existe,
d'aucuns affirment l'avoir vue.

Nasser ou l'homme qui disparaît plus vite que son ombre. Fort aimable quand il est présent, pas dérangeant. S'il est comme ça tout le temps, il est dommage qu'il ne soit pas là plus souvent.

Encore des absences ce trimestre, des travaux non faits. Si Julien s'occupait autant de ses études que de son apparence, il ferait des étincelles !

Un sursaut de vie en cette fin d'année, Vianney a fourni quelques très discrets efforts. Il a même participé une fois.

Très attentif en classe… au décompte des minutes le séparant de la récréation.

Élève qui a confondu la seconde et la marche arrière. Le passage en première attendra. Doublement conseillé.

Vous n'avez pas acquis la notion du futur : vous conjuguez tout au conditionnel. C'est un point de vue qui se respecte, votre passage en 4e serait lui aussi conditionnel.

Avoir choisi de faire Allemand LV2 pour comprendre les paroles de Tokio Hotel, pourquoi pas... Maintenant il serait temps d'apprendre vos déclinaisons.

Dommage que les SMS
ne soient pas encore considérés
par l'Éducation nationale comme
une matière d'enseignement général,
vous auriez pu décrocher
votre seul 20/20 de l'année.

Au prochain trimestre essayez de faire preuve d'autant d'imagination pour vos travaux d'arts plastiques que celle dont vous faites preuve pour vous vernir les ongles.

Votre avenir est devant vous ! Alors arrêtez de vous retourner sans cesse vers le fond de la classe.

Hélène a bien compris le cours sur l'hibernation et les états qui la caractérisent : torpeur et somnolence. Vivement le printemps.

L'Éducation nationale

Le Bulletin Officiel n° 28 du 15 juillet 1999

Dans un encart précisant les « mesures pour le collège des années 2000 » on peut lire un paragraphe sur « La présentation et contenu des bulletins trimestriels ».

Extrait :

Dans le cadre des « mesures pour le collège des années 2000 », il a été décidé de modifier la forme et le contenu des bulletins trimestriels afin de mieux les inscrire dans une démarche pédagogique et éducative. Il s'agit d'abord d'encourager l'élève à progresser plutôt que de l'enfermer dans une évaluation-sanction. La sévérité, pour être utile, doit être associée à un regard positif et prospectif [...].

On y trouve même « à titre indicatif », un modèle de bulletin pour « aider » les enseignants à construire la rédaction de leurs appréciations en trois parties :

1. Appréciations générales (savoirs, savoir-faire, comportement)
2. Progrès et efforts faits dans les matières et dans le comportement
3. Conseils pour progresser

Ce qui pourrait donner : *1) C'est trop juste. 2) Des efforts dérisoires ce trimestre. 3) Travaillez plus.* On vous laisse juger.

Pour information, ce texte a été adressé par Ségolène Royal alors ministre déléguée, chargée de l'enseignement scolaire, « aux recteurs d'académie ; aux inspecteurs d'académie, directeurs des services départementaux de l'Éducation nationale ; aux principaux de collège »

Et pourquoi pas directement aux enseignants ? C'est quand même eux qui s'y collent chaque trimestre ! Imaginez le nombre d'appréciations à rédiger pour un enseignant d'arts plastiques qui peut avoir 20 classes de 30 élèves… Donc 600 appréciations par trimestre. On devrait s'estimer heureux que les professeurs fassent parfois preuve d'un peu d'humour. Qu'elles soient drôles – ou pas – les appréciations de bulletins scolaires rendent compte des notes mais aussi de la façon dont les professeurs « apprécient » le travail réalisé par les élèves. CQFD.

Passe beaucoup de temps à observer les faits et gestes de ses camarades et à les rapporter aux enseignants. Pour votre stage d'insertion professionnelle ne cherchez plus, on vous garde une place dans l'équipe des surveillants.

Sport :
Marine a des capacités mais s'épuise au moindre effort.

On ne peut pas en vouloir à Élise de ne pas apprendre ses leçons... Elle ne les copie jamais.

Il va falloir travailler votre vocabulaire. Les verbes anglais ne se limitent pas au « like » et au « share » de votre page Facebook.

Il n'y a aucun doute sur le fait que vous passerez le Bac en juin. Passer le bac c'est bien, l'avoir c'est mieux.

Élève très doué... pour mettre de l'ambiance dans la classe.

Mathieu se fait passer pour son frère jumeau Nicolas pour les contrôles. Ou l'inverse, je ne sais même plus.

Je sais que c'est la crise et je comprends que vous souhaitiez économiser l'encre de votre stylo...
Aussi, avec l'équipe pédagogique nous nous sommes cotisés pour vous acheter un Bic.
Ainsi nous espérons ne plus collectionner vos copies blanches.

Si Augustin n'était pas aussi insolent il passerait moins de temps dans le couloir et plus dans la classe. Ce qui lui serait utile pour la compréhension des cours.

Venir en classe n'est pas une option facultative.

Si vous voulez un métier plus tard commencez par exercer correctement votre métier d'élève.

Thomas aligne les 0 et les 1 : devrait peut-être envisager une carrière dans l'informatique.

Maxime a tendance à confondre le clavier et le tapis de souris avec un oreiller.

Deux années de Seconde, deux années de Première… Surprenez-nous, essayez de ne faire qu'une seule année de Terminale.

Non, Facebook en latin ne se dit pas **facus boukus** mais **Faciesliber**.

Le latin est certes une langue morte, mais ce n'est pas une raison pour faire le macchabée pendant les cours.

Cours de latin à revoir intégralement : vous m'avez rendu une version bien singulière... écrite en espagnol à la place du latin.

Vous êtes le palier de la classe.
C'est tout à votre honneur,
parce qu'il en faut bien un.

Histoire : 11,5/20
de moyenne ce trimestre :
bien, mais pas top.

Maths : Élève qui ne comprend
pas ce qu'est un problème...
Ce qui ne résout rien.

10/20 ! Vous avez enfin atteint la moyenne au dernier trimestre de votre troisième... Félicitations !

En baisse ce trimestre, vous êtes passé de 19,5 de moyenne à 18. Il va falloir vous reprendre !

02/20 de moyenne en physique ce trimestre. Soyons positifs : le peu qui est fait est acquis.

Participer en classe c'est bien, parler de choses qui sont liées au cours c'est encore mieux. Au trimestre prochain épargnez-nous vos considérations sur la vie de Justin Bieber.

Adrien récite un poème comme il lirait la notice d'installation d'un logiciel.

Je ne vous entends jamais, pourtant vous êtes très expressif. Vous avez toutes vos chances s'ils préparent un « The Artist 2 ».

CORRESPONDANCE AVEC LA FAMILLE		
DATE	**OBJET**	**SIGNATURE**
le 12 janvier	Dans votre rédaction « Quel métier souhaitez-vous exercer plus tard ? », sur votre copie vous avez simplement écrit : « Chômeur » 1) Chômeur n'est pas un métier. 2) Ecrire un seul mot ne constitue pas une rédaction. Je vous invite donc à recopier 25 fois la définition du mot chômeur pour lundi 15 avant de me rendre une véritable rédaction pour mardi 16. * Chômeur : p 425 du petit Robert au CDI !	Mme Guillon
12/01/2012	Remi a encore oublié ses affaires pour le cours d'E.P.S C'est inadmissible ! À faire signer par les parents !	madame Lipon
18 janv.	J'attends toujours !	mme Guillon

Une implication très aléatoire qui peut aller des approches du sommeil à un dynamisme débordant.

Je vois que vous faites des efforts pour apprendre certaines citations... Mais citer Aimé Jacquet « Le sport est un dépassement de soi » quand le sujet est la philosophie des Lumières, je ne croyais pas ça possible.

Je n'entends le son de la voix de Pauline que lorsqu'elle rentre en classe en disant « Bonjour Madame ». La politesse est une bonne chose mais ce n'est pas suffisant pour vous évaluer.

Fin du premier trimestre, Flavie est en progrès : elle a enfin apporté un cahier... qu'il s'agit maintenant d'utiliser.

Progresse plus rapidement
que ses camarades,
mais dans le sens inverse.

Au début de l'année, je pensais que Théo ramait en cours. Mais à la fin de l'année, je me rends compte qu'en fait il fait de surplace.

Il y a parfois des questions pertinentes à poser, d'autres pas. Arrêtez de me demander à chaque cours « à quelle heure ça sonne », cela m'exaspère.

Marine tombe trop souvent sous la tutelle de Monsieur Silence et, insensiblement la fourchette de progression réelle se réduit, subissant comme une diminution de nos indemnités...

Au prochain trimestre essayez de courir après le ballon aussi vite que vous le faites après les filles. Bonne note assurée.

Connaissez-vous au moins la couleur du tableau ?

Fo boC lé note C moy1. Mé Fo pa DzSPré 1poSible né pa francè. écriV vO 2voiR en francè C + faciL pr KoriG.

Traduction : Faut bosser, les notes c'est moyen. Mais faut pas désespérer, impossible n'est pas français. Écrivez vos devoirs en français, c'est plus facile pour corriger.

Ou... Il va falloir faire des efforts pour augmenter votre moyenne, mais avec du travail, vous y parviendrez. Merci d'abandonner le langage SMS pour la composition de vos devoirs et de vous concentrer sur l'écriture en français.

Est capable de fixer un arbre pendant deux heures, mais pas le tableau.

Vous auriez de bonnes notes si vous passiez autant de temps à apprendre vos leçons qu'à imaginer toutes les façons possibles de tricher à vos devoirs.

Élève tellement en admiration devant sa camarade de classe, qu'elle copie même ses devoirs.

Il faut comprendre avant d'apprendre.

Maths : 2,75/20 de moyenne au 1er trimestre. 4/20 au 2e trimestre et 5,25/20 au 3e trimestre. Vous progressez.

6/20 de moyenne ce trimestre. Et encore, j'ai été indulgente, je n'ai pas retiré de point pour votre orthographe très personnelle de « Phisic ».

Fort heureusement, vous avez 15/20 en « vie de classe », c'est votre seule moyenne positive ce trimestre. C'est déjà ça.

Le minimum syndical, tel est le crédo d'Emmanuel. Ce serait dommage de s'épuiser à la tâche.

Pas de note ce trimestre. Sandra n'a jamais daigné venir en cours d'EPS.

Élève très volontaire qui lève souvent la main pour participer, mais qui n'a jamais rien à dire.

Quand on n'a pas son matériel, difficile de travailler. La prochaine fois, essayez de dessiner un angle droit avec une équerre plutôt qu'avec votre lecteur MP3.

Progresse lentement, mais sûrement. Si vous continuez ainsi vous aurez atteint la moyenne avant les vacances de Pâques.

Faites un effort pour passer – enfin – en seconde à la prochaine rentrée. À 17 ans, c'est urgent : le changement c'est maintenant !

Avoir la moyenne
en anglais ?
YES, YOU CAN !

Vous avez certainement de nombreuses qualités… qu'il serait temps de nous montrer.

Espagnol : Doña Marine sait, en opinant du bonnet, en branlant du chef, donner son adhésion et montrer qu'elle a saisi les nuances. Mais bravons la bienséance, en agissant librement sans souci de l'opinion, oublions le pébroque sous l'averse, ERUCTONS nos idées ! Yo

Je vois bien que la géographie ne vous intéresse guère. Mais une acquisition minimale serait tout de même souhaitable : il faut absolument que vous sachiez — au moins — situer la France et l'Europe sur une carte.

À la question « Qui était le Président des Français de 1974 à 1981 ? » Vous m'avez répondu : « j'en sais rien, j'étais pas né. » Sachez que moi non plus je n'étais pas encore né sous Giscard... L'étude de L'HISTOIRE ne se résume pas à l'étude de votre histoire.

Les humains ne font pas partie des « invertébrés », quoi que... quand je vois la façon dont vous vous affalez sur votre table en classe, je comprends que vous ayez fait cette confusion.

Travaillez plus pour... gagner plus de points aux devoirs.

Ce deuxième trimestre était l'occasion pour Yacine de montrer qu'il était capable de travailler sérieusement et régulièrement, c'est raté.

Vous êtes le seul responsable de vos résultats scolaires.

Je suis ravie d'avoir fait votre connaissance ce trimestre. Au mois de février il était temps de commencer à fréquenter le cours d'Éducation civique.

EPS : de la fatigue ce trimestre.
Ou de la fainéantise ?

Vous pouvez beaucoup plus !
Du moins je l'espère.

*Élève au commerce sympathique, cherchant hélas plus à s'effacer qu'à épater… sachons mieux mobiliser nos connaissances pour traiter avec plus de pertinence les supports abordés. Souvent nous savons, alors pourquoi ne pas davantage **dire** ?!*

EPS : De belles qualités physiques mais j'attends beaucoup plus d'attention pour mieux acquérir de nouveaux apprentissages.

Septembre : 13/20 ;
octobre 11,5/20 ;
novembre 10,75 ;
décembre 10/20.
Jusqu'ici tout va bien...

Élève volontaire qui me semblu travailleur au début, mais il falla apprendre les terminaisons du passé simple correctement.

Bulletin

Il est loin le temps du bulletin écrit à la main… et de la copie carbone. Les temps changent et les bulletins aussi ! Aujourd'hui la majorité des enseignants utilise des logiciels de gestion de « vie scolaire ». C'est-à-dire à la fois la gestion des notes, mais aussi des absences et même des punitions !

En un clic, ou presque, les appréciations sont enregistrées. Puis les données sont extraites pour établir les bulletins des élèves. Les parents peuvent même consulter les notes de leur progéniture sur internet… C'est la fin des courriers subtilisés dès leur arrivée dans la boîte aux lettres par des élèves apprentis faussaires qui modifiaient la note sans pour autant modifier l'appréciation… Ce qui pouvait donner des bulletins totalement incohérents : « 16,5 : manque sérieux de travail… »

L'espagnol ce n'est pas juste mettre des A et des O à la fin des mots. Apprenez votre vocabulaire.

Verbes irréguliers enfin sus par cœur… Oooh Yeah !

Musique : il serait temps de parvenir à jouer autre chose que « Au clair de la lune » à la flûte à bec. Que vous jouez très bien cela dit.

J'ai pu remarquer chez vous un goût certain pour les couleurs dans votre façon de vous vêtir tout à fait singulière. Pourquoi ne pas essayer de faire preuve d'autant d'originalité en cours d'arts plastiques ?

Puisque vous portez des T-shirts à l'effigie du Che, j'ai naïvement pensé que vous étiez en mesure de me citer quelques pays d'Amérique Latine, mais non.

Espagnol : J'aimerais beaucoup pouvoir vous donner la moyenne au prochain trimestre. Quizas, quizas, quizas...

Vous avez affirmé dans un devoir « les habitants de la Colombie sont des Espagnols ». Je vous laisse expliquer ça aux Colombiens !

Bon travail, même si vous gagneriez à vous relire attentivement. Cela vous éviterait d'écrire Les Crétins à la place des Chrétiens. Certains pourraient mal le prendre.

Si vous continuez à confondre les parallèles avec les perpendiculaires, et inversement, vous irez droit dans le mur.

Maths : Ensemble moyen. Apprenez à justifier vos résultats. À la question « pourquoi », cessez de me répondre simplement « parce que ».

Anglais : très bon travail concernant votre look, tâchez maintenant d'ouvrir votre book.

Espagnol : vous parlez beaucoup en classe, mais pas en espagnol. C'est regrettable.

Je ne sais pas si vos gloussements en classe sont nerveux, si c'est le cas soyez rassuré, moi aussi je trouve cela inquiétant.

Émilie fait preuve d'une rapide lenteur dans l'apprentissage de ses leçons de français.

Vous êtes capable du meilleur comme du pire... choisissez votre camp.

Assez bon trimestre. Si vos bavardages ne semblent pas influer sur votre travail, vous perturbez sérieusement le reste de la classe.

Vos résultats en chute libre m'inquiètent. Pas vous ?

5 points de moins sur votre moyenne par rapport au 1er trimestre. Si vous continuez ainsi je vais devoir passer aux notes négatives.

Informatique : vous êtes complètement déconnecté du cours. Il faut vérifier les branchements et rebooter la machine de toute urgence.

Maths : vous perdez 2 points à chaque contrôle rendu. Petite baisse + petite baisse + petite baisse = grande baisse. C'est mathématique.

Des retards trop fréquents, vous semblez exténué. Je ne suis pas convaincu que votre métabolisme vous permette de ne pas dormir la nuit.

Vous avez réussi à atteindre la moyenne, bravo.
Je doutais de vos capacités à y parvenir
mais j'ai eu tort et c'est tant mieux.

**Capacités inexploitées.
Enfin je crois.**

*Trimestre en dents de scie,
vous découpez les pieds de la chaise
sur laquelle vous êtes assise.
Attention à la chute.*

INSTITUTION
BP 6296
CAEN
Téléphone : Fax :

M. ou Mme
BRETTEVILLE-SUR-ODON

BULLETIN 1er trimestre **2007 - 2008**

Nom de l'élève : BRIERE **MAEVA** **Classe :** 5EME ROUGE

Matières	Elève	Classe	Appréciations	et conseils
FRANCAIS	17	15	Très bon trimestre, compliments.	
LATIN	16,2	15	Bon trimestre	
ANGLAIS	16	14,1	Maeva participe activement en cours . Elève motivée.	Il ne faut pas relâcher les efforts.
SC.HUMAINES	13,9	14,3	Ensemble correct.	Sois bien concentrée en classe !
MATHEMATIQUES	[illegible]	[illegible]	Maeva fait peu à peu [illegible]	Encouragements à [illegible]
PHYSIQUE	[illegible]	[illegible]	[illegible]	[illegible]
S.V.T	[illegible]	[illegible]	[illegible] participation	[illegible]
TECHNOLOGIE	9,3	14,4	Activité efficace en fin de trimestre.	
ARTS PLASTIQUES	13,6	14,5	satisfaisant	
MUSIQUE	13	14,7	ASSEZ BON ENSEMBLE.MAEVA PEUT S'AMELIORER EN TRAVAILLANT DAVANTAGE.	
EPS	16,3	13,3	Bon trimestre.	Il faut continuer ainsi.
VIE SCOLAIRE	19	17,4	Très bien	

travail sérieux en dépit des difficultés à manipuler

Moyenne générale	14,1	14,6

ABSENCES Nb 1/2 journées: 0 Retards: 1

Avis du Conseil de classe **Le Chef d'établissement**

Maeva a tenu compte des conseils donnés. Elle a pu ainsi améliorer ses résultats dans l'ensemble des matières. Elève active et volontaire

Compliments du Conseil de Classe.

C'est bien !

Bien qu'autorisé à composer vos devoirs de conjugaison à l'aide de votre Bescherelle, ils sont truffés de fautes. Soit vous possédez une version pastiche de l'ouvrage, soit il faut apprendre à vous en servir. Alarmant.

Christopher n'apprend ses leçons : l'Europe n'est pas UN pays.

Très beau sourire, vos dents sont aussi blanches que les pages de votre cahier de cours.

Amplification des bavardages
= raréfaction des bonnes notes.

Participe
au réchauffement
du potentiel comique
de la classe.

Malgré votre présence en classe
vous semblez absente.

Français : Malgré mes demandes réitérées vous invitant à composer vos rédactions en français, il semble que vous soyez déterminé à continuer à écrire en franglais. Si vous ne faites pas la différence, un outil simple peut vous aider à savoir si le mot que vous employez est dans la langue de Voltaire : LE DICTIONNAIRE.

État stationnaire.

Style vestimentaire très travaillé...
tâchez maintenant de perfectionner
votre style à l'écrit.

En terminale : Vous êtes trop dissipé. Évitez le litre de café le matin, passez à la verveine.

Élève très discipliné et régulier dans ses bons résultats, mais régulièrement indiscipliné en classe.

Les profs se lâchent...

« Je me souviens d'une année où, en guise de protestation, je m'étais donné une contrainte (je travaillais alors autour de Perec et Queneau, de la contrainte en somme, avec une classe de troisième) : celle, pour les Bulletins de deuxième trimestre de ces élèves de 3e en question (très bonne classe au demeurant), de n'utiliser que des interjections employées par Queneau dans la partie interjections d'Exercices de style, ça donnait ça :

ÉLÈVE	MOYENNE	APPRÉCIATION
Alice	11,10	**heu ! bon !** (in memoriam Raymond Queneau Exercices de style, Interjections)
Sofia	14,60	**ah ! oh !** (in memoriam Raymond Queneau Exercices de style, Interjections)
Raphaël	15,69	**ah ! oh ! ah !** (in memoriam Raymond Queneau Exercices de style, Interjections)
Lise	15,55	**ah ! oh ! ah ! bon !** (in memoriam Raymond Queneau Exercices de style, Interjections)
Inès	11,75	**heu ! bon !** (in memoriam Raymond Queneau Exercices de style, Interjections)
Margaux	11,10	**heu ! bon !** (in memoriam Raymond Queneau Exercices de style, Interjections)

ÉLÈVE	MOYENNE	APPRÉCIATION
Zoé	14,17	**ah ! oh ! bon !** (in memoriam Raymond Queneau Exercices de style, Interjections)
Samuel	14,81	**ah ! oh !** (in memoriam Raymond Queneau Exercices de style, Interjections)
Anne-Lise	12,56	**bon ! bon !** (in memoriam Raymond Queneau Exercices de style, Interjections)
Florian	13,39	**bon ! bon !** (in memoriam Raymond Queneau Exercices de style, Interjections)
Valentine	10,70	**heu ! psst !** (in memoriam Raymond Queneau Exercices de style, Interjections)
Théo	15,70	**ah ! oh ! ah !** (in memoriam Raymond Queneau Exercices de style, Interjections)
Jasmine	10,45	**heu ! psst !** (in memoriam Raymond Queneau Exercices de style, Interjections)
Mallaury	13,75	**ah ! oh ! bon !** (in memoriam Raymond Queneau Exercices de style, Interjections)
Rayane	11,65	**heu ! bon ! bon !** (in memoriam Raymond Queneau Exercices de style, Interjections)
Fanny	9,85	**hum ! heu !** (in memoriam Raymond Queneau Exercices de style, Interjections)
Elodie	17,75	**oh ! oh ! ah ! ah ! oh ! ah !** (in memoriam Raymond Queneau Exercices de style, Interjections)
Lucie	10,81	**heu ! bon !** (in memoriam Raymond Queneau Exercices de style, Interjections)
Maëva	10,75	**heu ! bon !** (in memoriam Raymond Queneau Exercices de style, Interjections)
Mickaël	14,05	**oh ! ah !** (in memoriam Raymond Queneau Exercices de style, Interjections)
Yanis	15,20	**oh ! ah ! oh !** (in memoriam Raymond Queneau Exercices de style, Interjections)

ÉLÈVE	MOYENNE	APPRÉCIATION
Sofiane	12,90	**bon ! bon !** (in memoriam Raymond Queneau Exercices de style, Interjections)
Chloé	11,56	**bon ! bon !** (in memoriam Raymond Queneau Exercices de style, Interjections)
Hélène	6,25	**hum ! psst ! ouïe ! bon !** (in memoriam Raymond Queneau Exercices de style, Interjections)
Lucy	14,05	**oh ! ah !** (in memoriam Raymond Queneau Exercices de style, Interjections)
Manon	13,25	**oh ! ah ! bon !** (in memoriam Raymond Queneau Exercices de style, Interjections)

Et la fin de l'histoire ?
« J'ai bien ri, ah, ah, ah, ah ! J'avais juste fait une explication de texte aux élèves histoire qu'ils comprennent ce à quoi renvoyait telle ou telle interjection. Mais aucun retour de la principale ni des parents, mon espoir polémique en prit un coup, mais mes collègues eux s'étaient bien poilés, et moi aussi. »

Des aptitudes à l'oral, des inaptitudes à l'écrit.

Un DERNIER CONSEIL pour le dernier trimestre, suivez – enfin – le conseil donné en début d'année : Travaillez plus pour progresser davantage !

Vous semblez tellement manquer de motivation que j'en arrive presque à me démotiver... Réagissez !

Travail régulier : 8...8...8...8...8... Dommage que cela soit noté sur 20.

Je ne doute pas que ce que vous écrivez sur vos copies d'histoire reflète un réel apprentissage de vos leçons, mais je n'arrive toujours pas à déchiffrer votre écriture.

Notes très convenables, exactement comme celles de votre voisin.

Rigueur et austérité dans le travail, vous devriez peut-être envisager l'ENA

Ne vous dévalorisez pas sans cesse ! C'est contre productif. Vous n'avez certes pas encore décroché la moyenne, mais vous avez progressé !

Votre insolence n'a d'égale que votre intelligence.

Revoyez la définition du mot élève dans le Petit Robert « Personne qui reçoit l'enseignement donné dans un établissement d'enseignement. » Il y a écrit reçoit, pas refuse.

Nul en français mais aurait pu obtenir la moyenne en smiley si c'était noté ☺

Essayez de mettre de l'ordre dans vos idées car tous vos contrôles sont confus, et bien difficilement corrigibles.

Musique : DOmmage que RÉMI n'exploite pas ses FAcilités : il reste à l'entreSOL de la cLAsse puisqu'il a choiSI de faire DOdo en cours.

Français : ensemble un peu juste et c'est euphémisme. Revoyez – entre autres – votre cours sur les figures de style.

Élève inscrit sur la liste des élèves de la classe, mais je ne me souviens pas l'avoir vu.

Élève absent à tous les devoirs,
impossible d'évaluer le niveau.

Élève passif en classe,
ne participant jamais,
mais ses notes
montrent qu'il suit,
alors je ne peux rien
dire.

C'est catastrophique,
il faut reprendre les bases.
*Je ne peux vous faire revenir en 6e*
mais je propose un redoublement
de votre année de 5e.

Bon trimestre, je n'y croyais plus, on peut dire que vous êtes revenu de loin.

Vous vous contentez de notes très moyennes, c'est votre vie, c'est votre choix.

David s'est réveillé ce trimestre, c'est bien, attention, à ne pas sombrer à nouveau dans un cycle de sommeil profond.

Si c'est un plaisir de lire les excellentes copies de Jean-Baptiste, c'est un réel calvaire de le supporter pendant les cours.

Aucun travail et très insolent.
Heureusement le mois prochain
vous fêterez vos 16 ans, on ne sera plus
dans l'obligation de vous supporter.

Aline a des capacités : elle a des bonnes notes sans pourtant avoir l'air de travailler.

*Mathias se laisse vivre…
mais n'a aucun projet.*

Remet toujours au lendemain l'apprentissage de ses leçons. En effet, pourquoi faire aujourd'hui ce que vous ne ferez peut-être pas demain ?

Toujours le dernier de la classe, mais vous progressez. C'est déjà ça.

Sur un bulletin de fin de 6e : Jeanne, votre indifférence totale pour les mathématiques plombe sérieusement votre moyenne. Faut-il vous rappeler le nombre d'heures que vous allez encore passer en cours de mathématiques jusqu'à la fin de la 3e ? À raison de 4 heures par semaine sur une base de 36 semaines par an sur trois ans (en admettant que vous ne redoublerez pas) = 432 heures. Bon courage.

Vos notes sont encore plus affligeantes que votre attitude en classe. Vous voyez, moi aussi je peux être insolente.

CORRESPONDANCE AVEC LA FAMILLE

DATE	OBJET	SIGNATURE
6 2 avril	Une quinzaine de passages à l'infirmerie ce mois-ci. Je vous rappelle que l'infirmerie n'est pas une matière de l'enseignement général. Mme Cuvinot CPE	[illegible]
5 mai	Noémie fait beaucoup de "pauses pipi". Elle trouve certainement la lunette des toilettes plus confortable que sa chaise en classe. Pensez, à l'avenir à prendre vos "précautions" avant d'entrer en cours. Mme Feuille	Ph.
Le 20 mai	Réunion parents-poffesseurs prevue le 28 mai de 9 heures à midi.	

Vos notes fondent à avec l'arrivée des beaux jours. La faute au soleil ?

Votre problème vient du fait que vous comprenez lentement.
Pour un devoir d'une heure vous ne parvenez qu'à résoudre un seul problème (bien résolu cela dit).
Sachant qu'un devoir compte au minimum 8 problèmes, il vous faudrait une journée de cours pour me rendre un seul devoir. Alarmant.

Au départ je trouvais vos copies pleines d'humour, aujourd'hui je pense que vous vous fichez de moi. D'où la baisse significative de votre moyenne ce trimestre.

N'utilisez pas de mots dont vous ne connaissez pas le sens.

Je ne voudrais pas vous accabler davantage en mettant une appréciation en face de votre moyenne déjà affligeante.

Karine rêve en classe.
Ça doit être passionnant.

En baisse, comme le PSG…
À la prochaine saison au prochain trimestre, changez de maillot.

On ne peut mobiliser ses connaissances pour faire ses devoirs que si on en a.

Revoyez comment on calcule une moyenne. Ainsi vous saurez d'où vient ce 7,7/20 et vous comprendrez que lorsqu'on dit que les femmes ont en moyenne 1,8 enfant ne veut pas dire que le deuxième est manchot.

Fait même des fautes en recopiant l'énoncé d'une question.

C'est pas parce que votre moyenne est désastreuse qu'il faut vous laisser aller, sinon ça sera encore pire. Oui oui c'est possible.

Un trimestre qui manque un peu d'énergie.
Vous semblez vous réveiller.
J'attends donc.

Incapable d'utiliser ses capacités.

L'Histoire
ça ne s'invente pas,
ça s'apprend.

Communique de Façon spontanée.
Trop spontanée.

Bravo! Continuez comme ça et à la prochaine rentrée vous repassez par la case départ.

10/20 : *Ne peut pas mieux faire.*

L'essentiel n'est pas de participer.

20/20 : EXCELLENT !!! En dix ans de carrière, c'est la première fois que je mets 20/20 de moyenne, je suis trop HEUREUSE. Merci !

Les maths, dans la famille, c'est une malédiction depuis combien de générations ?

Les objectifs pédagogiques pour un niveau de 4e sont inadaptés à vos capacités.

Vous ne m'aurez pas
à l'usure.

Bon courage
à vos futurs professeurs.

L'esprit de
contradiction
peut être une qualité
si on n'en abuse pas.

Garde le cap
dans la tempête.

Élève lymphatique
mais sympathique.

Remettez-vous en
question.

Avis très favorable...
à un redoublement.

Triple A.

Lucie est au zénith
de son inertie.

Comportements inconvenants
mais résultats convenables.

Vous me découragez.

Votre incompréhension généralisée dépasse mes compétences d'enseignant.

En nette progression...
vers la porte.

Comportement général inadapté
aux apprentissages.

Même si vous suivez
des cours de rattrapage tout l'été, je doute
que vous puissiez rattraper votre retard.
Mais ça m'arrive de me tromper.

Esprit de synthèse tellement prononcé qu'il ne reste plus grand-chose à l'arrivée.

Je vous laisse cocher l'appréciation qui semble convenir à votre moyenne de 6,75/20 :

- ❑ A atteint sa moyenne maximale
- ❑ Peut mieux faire s'il travaille

J'aurais aimé vous mettre la moyenne ce trimestre. Mais on ne fait pas toujours ce qu'on veut dans la vie.
Waouh ! Quelle remontée spectaculaire ! Attention à ne pas vous essouffler en haut de la pente pour ne pas redégringoler en bas.

8/20. Au regard de vos capacités, c'est inespéré.

Vos notes sont bonnes, mais vous me faites peur. Votre teint de vampire est terrifiant. Je vous en supplie, n'épousez pas Edward !

Bonne capacité
à copier-coller
des dissertations
sur le net.

Philosophie :
aussi superficielle dans ses idées
que dans son apparence.

Positivons :
ça aurait pu être pire.

Oral isn't optional.

Vous gagneriez des points en faisant preuve de rigueur et de précision dans le vocabulaire que vous utilisez.
Quand vous dites qu'un « polygone est une figure géométrique avec beaucoup de côtés », c'est pas faux... mais c'est inexact.

Indiscutablement insuffisant.
Et si vous nous montriez de quoi vous êtes capable ?

Sans vouloir paraître difficultueux, j'ose dire que vos difficultés me semblent difficilement surmontables.

Fait preuve d'une volonté incroyable… malgré des résultats pitoyables.

Si vous voulez faire la sieste en classe, retournez en maternelle.

Difficultés d'apprentissage ou simple fainéantise ?

Du laisser-aller ce trimestre : vous vous endormez et pas que sur vos lauriers.

Has shawn abilities...
to sing the Pixies in class
« Where is my mind... »
That is the question.

Si vous n'y mettez pas un peu du vôtre, je ne peux pas faire mon travail.

Vous avez baissé les bras ce trimestre. Pas facile dans ces conditions de composer un devoir si votre main n'est même pas au niveau du bureau pour écrire.

Si vous cessez d'être insolent, nous pourrions nous entendre diplomatiquement et il est probable que votre moyenne s'en ressente positivement.

Élève bien gentil.

Moyenne plus que convenable ce trimestre. J'ose espérer que ce n'est pas un accident.

Pour paraphraser Jules Renard je dirais que vous semblez vous surmener de paresse.

J'ai le sentiment que vous vous reposez avant même d'être fatigué par un hypothétique effort de travail.

It's time
to WAKE UP !!!

Ce que les profs entendent en classe…

(Et on comprend que ça les énerve !)

F. (garçon), 11 ans :

« Madame, tu sais mon grand-père il a trouvé que tu faisais plus vieille sur la photo de classe. Il a dit que c'était ta robe qui te vieillissait. »

N., 11 ans :

« Madame, je sais pourquoi tu as mal au dos ! … parce que tu es vieiiiiiiille. » grand sourire…

L. 12 ans :

« Madame, vous attendez un bébé ? »

Prof :

« Euh… non. »

L. 12 ans :

« Ah bah alors vous avez bien grossi. »

Arrêtez d'essayer de me jeter des sorts avec votre stylo 4 couleurs. On n'est pas à Poudlard ici, désolée de vous décevoir.

Votre imagination exubérante et votre belle spontanéité sont des atouts dans plusieurs situations.
Mais pas toutes.

Vous devez éliminer les mots vulgaires de votre vocabulaire, surtout à l'écrit car ça laisse des traces.

Élément perturbateur, délateur, manipulateur, fabulateur, frondeur, hâbleur mais malgré tout bosseur.

Vos cahiers sont bien tenus, vous êtes sérieux, vous apprenez vos leçons... mais vous ne comprenez rien.

C'est du grand n'importe quoi.

Moyenne acceptable
mais améliorable.

Vos difficultés n'excusent
pas votre manque
de travail et de sérieux.

Élève ponctuel et travailleur,
mais qui ne parle jamais.

J'aurais pu vous mettre une note à l'oral si vous aviez au moins essayé d'ouvrir la bouche.

Vous vous ennuyez à mourir pendant mes cours et moi je suis mort de rire en corrigeant vos copies.

Quand je pense que l'année prochaine vous entrerez dans la vie active...

En quatre années passées au collège vous n'avez pas évolué. Espérons que le lycée vous apportera davantage.

Passage en seconde : AVIS FAVORABLE. Vos pitreries vont nous manquer...

Des cours de soutien sont à envisager pour revoir la chronologie historique dans son ensemble : la guerre de 14-18 n'a pas duré du XIVe au XVIIIe siècle et les royalistes ne sont pas les ancêtres de Ségolène Royal.

Bonne capacité à inventer des néologismes, mais il faut vous booster pour performer vos résultats.

Vous avez un bon niveau en orthographe et en conjugaison et je vous en félicite il faut maintenant apprendre à structurer vos phrases je m'essouffle en lisant vos rédactions tous les mots se suivent sans pause je n'ai pas le temps de reprendre ma respiration pourtant la langue française est bien faite et nous offre des astuces simples et efficaces telles que les majuscules en début de phrase et les points à la fin ensuite quand vous maîtriserez cela vous pourrez passer à l'étape suivante en utilisant , ; : ! ?

Chut… Clément dort.

Romain s'applique
à être aussi mauvais
que son voisin.

You have to work...
School is not cool.

Nette embellie
de votre moyenne.

Si le français n'était pas votre langue maternelle, je comprendrais, mais là je suis inquiet.

Nicolas trace son petit bonhomme de chemin avec sérieux et motivation. Comme le vin, il se bonifie au fil des ans.

Pas de notes ce trimestre.
Ludivine a préféré l'infirmerie
à mes cours de SVT.

C'est trop moyen et quand je vous dis ça, je m'autocensure.

EPS : réveillez-vous : la balle est dans votre camp !

A boycotté le cours d'EPS tout le trimestre. Dois-je y voir un symbole politique ou simplement l'expression de votre fainéantise ?

CORRESPONDANCE AVEC LA FAMILLE

DATE	OBJET	SIGNATURE
4 mai	Je sais que c'est difficile pour Paola, mais en 3e il est temps d'avoir acquis quelques connaissances de base, ne serait-ce que la France n'est pas « une île au milieu de l'océan Méditerranée » Mme Jacquet. Histoire	

20 Septembre	L'année de 3e a commencé il y a deux semaines… Et depuis Frédéric vient les mains dans les poches… Il faudrait songer à venir au collège avec un minimum d'équipement pour travailler un sac, un stylo, un cahier. Maintenant il va falloir rattraper les cours tous les samedis matins jusqu'au vacances de la Toussaint. Mme Luce. CPE	

13 Novembre	A recopier 50 fois pour mardi Les voyelles ne sont pas les femmes des voyous mais les lettres A, E, I, O, U, Y. M. Cacheu. Français	

Sur un bulletin de 3e :
Excellent niveau de 5e.

Vos notes chutent inexorablement, à l'instar de la bourse. Attention au crash.

Théorème de Pythagore
en cours d'acquisition.
Ça sera plus facile
pour vous quand vous
ne confondez plus
les triangles et les
rectangles.

Pour comprendre les probabilités, mettez-vous au poker, vous maîtrisez déjà le bluff.

Élève très solidaire, même lorsqu'il s'agit de suivre ses camarades vers la nullité.

Vous progresserez le jour où vous ferez la différence entre les terminaisons du présent et du futur. Comme vous m'êtes sympathique, je ne vous demande même pas d'apprendre le passé simple...

Essayez de vous ouvrir aux autres et de participer à l'oral. N'ayez pas peur, ne croyez pas les rumeurs, je n'ai encore jamais mangé un élève qui posait une question bête ou qui répondait une ânerie.

Net laisser-aller. Vous avez pris la mauvaise direction, faites demi-tour avant de foncer dans le mur.

Apprendre ses leçons
ne signifie pas
que vous devez juste
regarder les jolis mots
qui sont écrits
sur votre cahier.

Marie-Alice, Évitez de remplacer les points des i par des cœurs, c'est ridicule.

Moyenne en mathématiques proportionnelle aux efforts fournis, donc nulle.

Français : l'ordre des mots dans la phrase vous devez revoir.

Si vous voulez devenir médecin comme votre père, il va falloir vous mettre sérieusement au travail et pas simplement imiter son écriture.

Je remarque, non sans ressentir un puissant sentiment d'échec, que tous les efforts que j'ai entrepris pour vous faire progresser n'ont mené à RIEN. Je suis désespéré.

Je préfère penser que votre moyenne catastrophique est due à votre fainéantise plutôt qu'à votre bêtise.

Je croiserai les doigts pour vous le jour du bac. À ce stade, c'est la dernière chose que je puisse faire pour vous.

Je m'inquiète quand je pense que ma retraite est censée être payée par votre travail.

Je vous encourage à faire mieux. Vu le niveau, ça ne devrait pas être trop difficile.

Vous avez doublé
votre moyenne
ce trimestre, vous êtes
passé de 2,5/20 à 5/20,
belle performance !

Si vous vous appliquiez autant
à travailler qu'à bavarder,
vous feriez des merveilles.

Les profs se lâchent aussi en classe

Niveau : DUT/matière : gestion

Sophie, si vous continuez à porter des Dr Martens à lacets roses, c'est pas comme ça que vous trouverez du travail.

Niveau 3e/matière : français (professeur principal)

(À l'ensemble de la classe)

Vu votre niveau, je vois même pas comment vous orienter pour la rentrée prochaine... De toute façon je vois pas pourquoi je me fatigue, vu la conjoncture, vous irez tous pointer au chômage.

Niveau Première/matière : français.

Marine, pour l'oral du bac, pensez à remonter votre pantalon et à mettre une ceinture parce que là on voit votre string...

Élève arrogante, implication insuffisante, moyenne stagnante.

Diagnostic : Émilien est atteint
de flémingite aiguë.
Prescription : redoublement.

Élève désorienté qui
a déjà des difficultés
à se repérer dans
l'enceinte du collège…
Le choix pour son
orientation au lycée
attendra.

Une excellente année à tous points de vue, Félicitations !

Travail Sérieux.

Mes compliments.

C'est très bien.

Élève appliquée
et active.

Appréciations pas drôles mais qui font tellement plaisir !

DANS LA MÊME COLLECTION

Les Proverbes de nos grands-mères
Daniel Lacotte

Les proverbes sont passés dans notre langage d'aujourd'hui. Héritage de cette sagesse populaire transmise par nos grands-mères, ils témoignent des préoccupations de notre quotidien : l'amour, l'argent, le travail, l'amitié, le bonheur… Cet ouvrage nous invite à découvrir le sens et l'origine de ces formules plus imagées les unes que les autres. Une manière amusante de se plonger dans la richesse et la fantaisie de notre langue.

Inédit, Points n° P3372

Dictionnaire d'anti-citations
Pour vivre très con et très heureux
Franz-Olivier Giesbert

La politique, la littérature, l'histoire ou encore la vie amoureuse sont quelques-uns des sujets qui inspirent Franz-Olivier Giesbert et à partir desquels il a imaginé les citations et proverbes réunis dans cet ouvrage. Un anti-dictionnaire drôle et cynique, auquel s'ajoutent plusieurs chroniques tout aussi déjantées.

Points n° P4031

L'Humour au féminin en 700 citations

Macha Méril, Christian Moncelet

Les femmes ont toujours eu leur (bon) mot à dire sur la société, les défauts des uns et les fausses vertus des autres. De la marquise de Sévigné à Arletty, de la courtisane Ninon de Lenclos à Françoise Sagan, les esprits aussi fins que pétillants sont légion – et ne se font pas prier pour le faire savoir. Légères ou profondes, tendres ou corrosives, ces formules n'ont qu'une seule chose en commun : le rire.

Points n° P4080

L'assassin court toujours

Et autres expressions insoutenables

Frédéric Pommier

« L'assassin court toujours », « nager dans le bonheur », « la tension est palpable », autant d'expressions entendues à longueur de journée sans jamais y prêter garde. Frédéric Pommier excelle justement à les *pointer du doigt*, à les triturer pour révéler ce qu'elles ont d'absurde et de drôle. On rit avec lui de nos tics de langages, on se moque des médias qui les véhiculent, et on réfléchit à ce que ces formules racontent de notre époque.

Points n° P4081

RÉALISATION : NORD COMPO À VILLENEUVE-D'ASCQ
IMPRESSION : MAURY IMPRIMEUR À MALESHERBES (45)
DÉPÔT LÉGAL : SEPTEMBRE 2015 - N° 116205 (199907)
IMPRIMÉ EN FRANCE